12

L K 494.

RÉPONSE

A DUFAY,

Sur la rétractation tardive et mensongère, relative aux députés de la Gironde.

DUFAY.

LES COMMISSAIRES de St. - Domingue députés près la Convention nationale.

Il faut que je donne un *éclaircissement* sur quelques mots, *non pas prononcés à la tribune, mais insérés dans* un avertissement *à la tête d'un ouvrage que j'ai publié il y a dix-huit mois, relativement à St.-Domingue.*

Dans la relation détaillée sur les évènemens malheureux de la ville du Cap par les soi-disant députés de la province du nord de St. - Domingue, (DuFAY, MILS, BELLEY) imprimée par ordre du comité d'instruction publique, relation qui est un tissu d'impostures, à l'aide desquelles ils ont trompé la majeure partie de la nation et prêtés les vues les plus perfides aux députés de la Gironde, poursuivis alors avec acharnement par Robespierre ; Dufay voudroit faire croire aujourd'hui que *quelques mots* seulement sont échappés à sa plume, qu'ils sont le fruit de l'erreur, et que la rétractation tardive et hypocrite qu'il vient de publier, est plus que suffisante pour les faire oublier.

A

Je veux épargner dans le public, aux méchans, de m'en faire un reproche, et je veux donner une explication franche aux gens de bien qu'on auroit pu égarer.

Pour mettre en évidence la véracité de Dufay, nous nous contenterons de copier littéralement, de citer les pages, et l'on jugera si le ton flagorneur qu'il cherche à prendre dans ce moment auprès de ceux qu'il a persécutés, n'est pas une suite de la duplicité de son caractère, pour détourner s'il lui est possible l'orage près à l'écraser, en feignant de se rallier aux hommes de bien.

Je venois de deux mille lieues.... n'ayant jamais rien été depuis la révolution, c'est-à-dire exercé aucunes fonctions publiques, n'ayant pris aucune part à aucuns des évènemens de Saint-Domingue, faisant des vœux ardens pour la France, je me trouve revêtu de la confiance de mes concitoyens et député par eux à la Convention nationale.

Avant la révolution, Dufay étoit et est encore banqueroutier et stellionataire; il fut mis à la prison de la Force pour excroquerie : né pour l'intrigue et voulant jouer un rôle il se fit marquis, et ce fut sous ce titre supposé qu'il parvint à tromper à Saint-Domingue une femme riche qu'il épousa, et dont il dévora la fortune.

Depuis la révolution, changeant de livrée suivant les circonstances et s'attachant toujours au parti dominant, il devint jacobin, repassa dans la colonie en mars 1792, s'attacha à Roume, un des premiers commissaires civils, et devint son espion (1) : emploi où il développa tant de finesse, que sur la recommandation de Roume, Sonthonax et Polverel le firent, dès les premiers jours de leur arrivée à Saint-Domingue, inspecteur des frontières avec vingt-quatre mille livres d'appointement, sans compter le casuel, puis greffier en chef de l'amirauté, place qui rapporte quatre-vingts mille livres de rente.

Principal agent des commissaires civils, il fut envoyé vers le général Galbaud, lorsqu'il parut dans la colonie, pour entraver ses opérations, disposer les esprits contre lui, et préparer les malheureux évènemens de la journée du 20 juin 1793. Nous avons sous les yeux, dans ce moment, la lettre de Polverel et de Sonthonax, dont Dufay fut porteur ; il y est peint comme *un excellent jacobin, et l'on invite le général, à raison de cette qualité, à avoir en lui une entière confiance.*

Dufay est un des principaux agens de l'incendie du Cap et des meurtres qui ont été commis dans cette journée désastreuse ; marchant à la tête des assassins, il crioit parlant aux nègres esclaves, *courage braves républicains, le pillage est à vous, n'épargnez personne, qu'ils soient tous brûlés comme des cochons.*

Il est donc faux, comme le prétend Dufay, *qu'il n'a jamais exercé aucune fonction publique à*

---

(1) Rapport de Roume, commissaire civil à l'assemblée nationale du 29 Janvier 1793, pag. 22, second paragraphe.

Saint-Domingue, puisqu'il étoit à la fois inspecteur des frontières et greffier en chef de l'amirauté. Il est donc faux, *qu'il n'a pris aucune part à aucuns des événemens de Saint-Domingue*, puisqu'il est un des principaux auteurs du massacre et de l'incendie de la ville du Cap, et qu'il n'est point étranger aux horreurs qui ont eu lieu dans toute l'étendue de la colonie, puisqu'il étoit un des membres du conseil secret de Sonthonax, Lavaux, etc.

Il est donc faux que celui qui a détruit la plus florissante colonie du monde entier, colonie qui assuroit l'abondance de l'état et la prospérité du commerce, ait jamais pu *faire des vœux ardens pour la France*; et il est également faux que sa nomination à la représentation nationale et celle de ses collègues aient été faite à son, insu, puisqu'elle sont le fruit de l'intrigue, et que Sonthonax en est l'auteur.

Depuis plus d'un an nous n'avions pas reçu à Saint - Domingue un seul des journaux de France; nous étions sans communication aucune, nous ne savions rien de ce qui s'étoit passé.

Rendu à Paris, j'interroge, tout se taisoit, on me trompoit, personne n'osoit me dire la vérité. J'arrivois depuis onze jours, dont j'en avois

Si Dufay, arrivé en France, étoit convaincu que les représentans du peuple, connus pour être les *fondateurs de la liberté, et ses meilleurs défenseurs étoient chargés de fers, menacés de la mort, les autres déjà immolés; rien peint - il mieux la lâcheté et la férocité de son caractere, que la conduite qu'il tint dans cette cir-*

passé cinq ou six en prison, je voyois ceux que j'avois connu de réputation pour les fondateurs de la liberté, et ses meilleurs défenseurs, chargés de fers, et menacés de la mort, les autres déjà immolés, une partie de la France incarcérée, l'autre prête à l'être ; je ne savois que penser, que faire.

constance : il s'élève contre eux, se réunit à leurs bourreaux, et quoiqu'il dise maintenant qu'il soit convaincu de leur innocence, il chercha cependant à les accabler, en faisant distribuer avec profusion un écrit où il les peint des plus noires couleurs.

Etoit-ce au moment *où une partie de la France étoit incarcérée, l'autre prête à l'être*, qu'il falloit augmenter le nombre des victimes, se servir contre eux du glaive de la calomnie, poursuivre par tous les moyens de persécutions possibles, des malheureux échappés à ses fureurs ; devenir pour les perdre, un des plus zélés suppôts des Robespierre, des Saint-Just, des Prieur de la Marne, des Thuriot, des Cambon, etc. etc. Se lier avec les Hébert, les Chaumette, et la commune conspiratrice, qui seconda si bien ses vengeances en faisant incarcérer les colons sur toute l'étendue de la république, et Dufay ose vous dire qu'il ne savoit QUE PENSER, QUE FAIRE !

J'imaginai d'abord qu'il ne falloit pas choquer l'opinion des gouvernans, et vous savez qu'à l'époque de pluviose de l'an II (vous vous

Quel aveu ! il falloit plaire à des monstres qui couvroient la France de deuil ? C'est par cette raison sans doute que, loin de choquer en souvenez tous) , *il falloit bien leur plaire.*

leur opinion, Dufay, Mils, Belley, Garnot, Boisson s'efforcèrent de capter leur bienveillance en destinant à la mort les colons courageux venus en France pour les accuser, les poursuivre, et qu'ils eurent le secret de faire jeter dans les fers, en leur supposant les crimes dont ils étoient seuls coupables.

Je le répète, ces mots ne furent point prononcés à la tribune, ils furent seulement intercallés dans un avertissement. Mais des hommes, que la raison défend de qualifier avec des injures, ont osé les citer et les répéter comme pour en faire un appui de leurs accusations contre les députés de la Gironde.

Dufay prétend que *ces mots ne furent point prononcés à la tribune, qu'ils furent intercallés dans un avertissement;* j'ouvre la relation détaillée de Dufay, et je lis.

» (Pag. 11.) *Les Brissotins, les Girondins, qui d'abord avoient professé les grands principes pour se populariser, se sont ligués avec nos ennemis pour trahir....* «

Pour se faire aimer du peuple, il falloit parler son langage, et c'est ce qu'ils firent ; ils défendirent la cause des mulâtres plutôt par amour-propre et par haine pour Barnave, que par l'honorable sentiment d'humanité, COMME L'A FAIT ROBES-PIERRE.

Après avoir démasqué la faction dominante qu'il avoit attaquée, combattue et renversée, uniquement pour prendre sa place, alors il ne consulta plus que son intérêt ; et, jaloux de gouverner, il se vendit à la cour, promit de servir sa cause, et établit son systême de domination, d'accord avec ses complices.

» (Page 14). Les intrigans brissotins, girondins et autres, qui avoient voulu servir la cour, n'avoient plus rien à désirer. Il y avoit lieu de croire ou que tout réussiroit au gré de ses desirs, c'est-à-dire, que le parti de la cour triompheroit, ou qu'au moyens des germes de division qui avoient été si bien distribués, il ne se feroit rien du tout ; ce qui, d'une autre manière, étoit servir la cour...... »

» C'est le même parti qui a sacrifié les hommes de couleur qu'il avoit servi dans les commencemens de la révolution ; et, si ce parti n'avoit pas été démasqué, nous étions perdus sans ressource..... »

« (Page 17.) Vos délégués ont déporté des agitateurs ; les intrigans que vous avez punis, qui ne vouloient pas sauver Saint-Domingue, les ont protéges, si-non ouvertement, au moins, comme ils étoient ligués avec tous vos ennemis, ils n'ont pas voulu faire punir ceux qui étoient leurs agens, ou les agens de leurs complices...... »

» De-là sont venus successivement tous nos maux, parce que l'impunité encourage le crime. Ces meneurs, ces soi-disant directeurs de la révolution, étoient bien éloignés de faire punir les factieux qui favorisoient leurs projets perfides ; ils se sont même ligués à l'époque du fédéralisme avec tous les colons ou négocians aristocrates et royalistes, dans nos principales villes de commerce. »

» (Page 19.) Pour mettre le comble à tous ces crimes, la coalition des fédéralistes avoit eu soin de *nous envoyer, à Saint-Domingue, Galbaud. . . . c'est à lui, c'est à ce monstre, et sans-doute à Brissot et à tous ses complices, qui l'étoient de Dumouriez, à qui nous devons toutes les calamités dont vous allez voir l'affreux tableau. »*

Comment Dufay persuadera-t-il maintenant qu'à son arrivée de Saint - Domimgue, il étoit tout-à-fait étranger aux prétendus évènemens qui s'étoient passés en France, puisqu'à peine rendu à Paris, il se porte le délateur des députés de la Gironde, qu'il développe leurs intrigues avec la cour, les représente comme fédéralisé avec les Colons et les négocians des départemens, et comme protégeant le systême des agioteurs de Saint-Domingue déportés par Polverel et Sonthonas? Ce ne sont point *des mots intercallés dans un avertissement*, comme il le prétend ; c'est une accusation motivée, des plus graves, et dans quel tems se la permet-il ? dans le moment où ils étoient tous sous le couteau de Robespierre.

Je viens les rétracter franchement. *Je dis aujourd'hui à mes collègues j'ai été trompé, il n'est pas d'homme au monde dont le bon sens soit à l'abri de l'être.*

Dufay n'a point été trompé comme il le prétend, et s'il s'est déterminé après dix - huit mois à cette prétendue rétractation, c'est que les évènemens sont changés. Le premier prairial dernier, il ne pensoit point à la faire. Suivez sa conduite avec quelqu'attention depuis son admission à la Convention nationale, et vous serez convaincu de cette vérité. Si la terreur reprenoit le dessus, il se dédomageroit bientôt par de nouveaux crimes, de la contrainte que lui impose maintenant la raison, la justice et la probité.

J'ai commis une erreur d'après de faux rapports et de bonne foi. Combien de gens en ont commis de plus grandes et ne les ont pas avoués, d'une manière aussi franche et aussi solemnelle.

Jamais la bonne foi et encore moins la franchise n'ont habitées chez Dufay; s'il cherche dans ce moment à emprunter leur langage et à capter la bienveillance de ceux qu'il a si ouvertement persécutés; je le répète, c'est que les tems ne sont plus les mêmes, c'est que sa mémoire lui met sans cesse devant les yeux le hideux tableau de sa conduite et qu'il craint que la justice nationale lente à le punir ne l'atteigne à la fin.

Au reste, je voyois bien la faction qui dominoit, et que je ne pouvois rien faire pour les Colonies, sans la ménager, sans l'enchaîner. J'étois d'autant plus embarassé que j'avois à dire sur les Colonies ce qu'avoient dis les députés de la Gironde.

La faction qni dominoit étoit les anciens comités de gouvernement avec lesquels Dufay étoit d'accord; pour *les enchaîner* il falloit se rendre leurs complices, se montrer encore plus féroce qu'eux, et par une suite de sa conduite à Saint-Domingue, seconder leurs fortaits les surpasser même. Livrer la colonie toute entière au pouvoir de l'ennemi, en empêchant que l'on y porta les secours deman-

des avec instance par les colons et leurs commissaires ; assurant la convention que des jacobins
les plus fortement prononcés et des guillotines
suffisoient seuls pour la maintenir à la France.

J'avois déjà été incar-
céré comme un girondin. Lorsque Dufay, Mils
et Belley vinrent à Pa-
ris, les colons réunis
les signalèrent au comité de sûreté générale,
comme les satellites de Sonthonax et de Polvé-
rel, qui avoient couvert de deuil ces riches contrées par les assassinats, les vols et incendies
qu'ils avoient commis ou fait commettre ; ces
motifs seuls déterminèrent le comité à s'assurer
de leurs personnes. Belley l'affricain, et Mils
l'anglois ne pouvoient être considéré comme
les amis des victimes du 31 mai ; ce fut donc
pour d'autres raisons que l'on disposa de leur
liberté.

Robespierre les fit bientôt élargir, puis ad-
mettre au sein de la Convention pour se populariser davantage. Les partisans de son affreux systême, c'est-à-dire, les égorgeurs de-
vinrent leur appui, et firent cause commune avec
eux. Dès ce moment la vérité fut repoussée de
l'enceinte, où dans tous les tems elle devroit
trouver un sur asyle ; les colons furent poursuivis, incarcérés, St.-Domingue fut perdue pour
la France, et le commerce anéanti.

Je voyois que les hom-
mes qui avoient perdues Ceux qui ont perdu
les colonies et avoient ac- nos colonies sont les
hommes que nous ne

susé les députés de la Gironde de les avoir perdues alloient me poursuivre, alloient poursuivre la députation deSt.-Domingue en masse; il falloit bien écrire un peu en leur langue pour ce faire lire,

cessons de poursuivre depuis 1791, et à la tête desquels figurent Blanchelande, Roume, St.-Léger, Sonthonax, Polverel. Lavaux, Dufay, Mils, Belley, Garnot, Boisson, etc. Ce sont eux que nous n'avons cessé de dénoncer, même dans les fers, à la Convention nationale, aux comités de gouvernement, avec la fermeté d'hommes probres, incapables de composer avec la vérité; nous les dénoncions encore au moment même où nous étions bien instruits que nos heures étoient comptées, et que nous devions périr sur l'échaffau. Ce sont eux que nous ne cesserons de poursuivre, jusqu'à ce qu'ils soient atteints du glaive de la loi, parce que les crimes dont ils se sont rendus coupables, commandent impérieusement ce grand exemple de sévérité.

Est-ce qu'on pouvoit dire la vérite toute entière?

Oui..... l'homme de bien ne sait point transiger avec ses devoirs, et périr, en les remplissant, est le triomphe de la vertu.

Mais dans quel temps, où, Dufay a-t-il dit, je ne dis pas *la vérité toute entière*, mais quelques mots de vérité; lui, dont les lèvres ne s'ouvrent que pour proférer le mensonge, dont l'intrigue, l'avarice, l'ambition sont les passions favorites, et qui, pour les satisfaire, se fait un jeu de la calomnie,

Je voulois sauver les Colonies; je voulois remplir mes devoirs, mes sermens, rendre un grand service à ma patrie. *Chargé d'une si grande cause, il ne m'étoit pas même permis de me sacrifier.*

Quoi! Dufay vouloit sauver les Colonies, et, d'accord avec *Sonthonax et Polverel,* il faisoit massacrer sur les lieux ses véritables défenseurs? il les faisoit déporter, les contraignoit de fuir, en les tenant sans cesse sous le poignard des assassins. Après avoir pillé et incendié leurs propriétés, il vint en France pour y persécuter de nouveau ceux qui s'y étoient réfugiés; il les fait incarcérer, en attendant le moment favorable où il pourra s'en débarrasser pour toujours. Si ce sont-là les devoirs qu'il s'est imposé, les sermens qu'il a juré de remplir, il faut avouer qu'il n'a pas dépendu de lui qu'ils ne fussent religieusement exécutés.

Le grand service qu'il vouloit rendre à sa patrie, étoit sans doute d'empêcher que l'on envoya dans ces contrées les forces capables de les rétablir, et c'est ce qu'il a fait. Anéantir le commerce de France; d'accord avec les conspirateurs dont il faisoit nombre, faire triompher celui d'une puissance ennemie; s'efforcer d'établir la sienne dans le nouveau monde sur les débris de son ancienne opulence, étoit le but de toutes ses intrigues.

Je me suis dis: qu'importe par quelques gens, pourvu que le bien se fasse.

L'intimité qui régnoit entre lui et les buveurs de sang que la Convention nationale vient de proscrire ou punir de mort, ne permet pas de douter de ce qu'avance Dufay. Oui sans doute, les gens et les moyens à employer quels qu'ils fussent lui étoient indifférens, pourvu qu'ils servissent ses vues ambitieuses.

Voilà ce que j'ai pensé, voilà ce que j'ai fait, voilà mon ame à nud.

L'ame de Dufay se peint il est vrai toute entière dans son écrit. La basesse, la ruse, la lâcheté, l'hypocrisie, la crainte y sont tour à tour en évidence, et il étoit difficile qu'il crayonnât des traits plus ressemblans.

Mais, citoyens collègues, la manière la plus convenable de venger les vrais amis, les fondateurs de la liberté, c'est moins de s'attacher à les justifier sur les colonies, et à faire leur éloge que montrer, de signaler avec des faits et des preuves matérielles, de désigner solemnellement les véritables auteurs des maux dont on les a injustement accusés, c'est ce que je ferai.

Il y a dix-huit mois, les députés de la Gironde, d'après Dufay, étoient 'es principaux machinateurs du boulversement de toutes les antilles, *les colons, les négocians des départemens, les agitateurs à St.-Domingue, déportés par Polverel et Sonthonax, étoient fédéralisés avec eux, et protégés par eux ;* Il offre aujourd'hui d'en désigner d'autres, comme si les véritables auteurs de ces affreux désastres n'étoient pas connus dis long-tems. Nous venons de signaler dans cet écrit les principaux chefs : les pièces matérielles que Dufay offre de produire sont entre nos mains, et nous n'attendons que le moment où nous pouvons les présenter pour les confonder.

L'intérêt que vous prenez à la chose publique, l'examen, la justice que vous devez à la mémoire de nos malheureux collègues, me sont un sûr garant que vous m'entendrez un de ces jours, seulement pendant une demi-heure ou trois - quarts d'heure. Ce n'est pas trop de tems pour connoître de grandes vérités.

Depuis dix-huit mois Dufay est admis au nombre des députés, et c'est-à présent seulement, c'est après avoir tout détruit, qu'il vous demande une demie-heure ou trois - quarts d'heure d'entretien, pour vous faire connoître, dit-il, de grandes vérités. Viendra-t-il en plein sénat s'accuser lui-même, ainsi que ses complices ? et feignant un repentir simulé, s'efforcer de désarmer le bras de la justice et implorer votre pitié ; ou bien en fourbe consommé, veut-il par un autre roman ajusté avec art, essayer s'il pourra encore, ainsi qu'il l'a fait en pluvios de l'an deux, surprendre votre religion.

Cela importe au salut public. Je dois vous le dire, pour ma responsabilité envers la France, qui, un jour demandera compte à ceux qui n'auront pas dit ou voulu entendre la vérité.

Oui nous croyons que la France demandera un jour un compte sévère à ceux qui ont été chargés par elle de la prospérité de son commerce et de ses colonies ; alors toutes les intrigues mises en mouvement pour les détruire ne seront plus un mystère. La vérité revenue de l'exil où elle a resté si long-tems captive, pourra se faire entendre : et si, à cette époque, Dufay existoit encore, sa prétendue responsabilité seroit mise je crois à une rude épreuve, non pour avoir voulu la dire, mais pour l'avoir constamment altérée.

Les Commissaires de Saint - Domingue, dé-putés près la Convention nationale, VERNEUIL . PAGE , BRULLEY , DEAUBONNEAU, THOMAS MILLET, CLAUSSON, SENAC, FONDEVIOL-LES, DUNY.

Paris, 7 Messidor, an troisième de la République française.

De l'Imprimerie de LAURENS aîné, rue d'Argenteuil, N°. 211.